目 次

I フォークリフトの基礎知識

II フォークリフト共通の安全確認事項

III フォークリフトの種類別安全確認事項

IV 災害事例とフォークリフト作業の安全5

A　フォークリフトの定義と種類

(1) フォークリフトとは（定義）

　　フォークリフトとはフォーク、ラム[※1]などの荷を積載する装置と、これを上下させるマストを備えた動力付き荷役運搬車両をいう。

　※1　槌（つち）状の付属装置

(2) 種　類

　【外観形状による分類】①カウンターバランスフォークリフト　②リーチフォークリフト　③オーダーピッキングトラック　④サイドフォークリフト　⑤ウォーキーフォークリフト

　【動力による分類】Ⓐ内燃機関式フォークリフト（ガソリン式、LPG式（液化石油ガス）、CNG式（圧縮天然ガス）、ディーゼル式）、Ⓑ蓄電池式フォークリフト（バッテリー車）

☆本書は外観形状の①を基本として、一般に使われている②③⑤について解説します。

①カウンターバランス　　　②リーチフォークリフト
　フォークリフト

　　　　　　　　　　　　　　　　　　　　③オーダーピッキング
　　　　　　　　　　　　　　　　　　　　　トラック

④サイドフォークリフト　　⑤ウォーキーフォークリフト

(1)カウンターバランスフォークリフトの諸元（巻末参照）

(2)荷重中心と標準荷重中心(a)(b)

フォークに積載した荷重の重心位置とフォークの垂直全面との距離を荷重中心という。このうち、特に下記に示す数値を基準荷重中心という。

(a)荷重中心

(b)基準荷重中心

最大荷重 t	1未満	1以上5未満	5以上15未満	15以上24未満	24以上
基準荷重中心 (mm)	400	500 (600)	600	900	1,200

備考：カッコ内の数値は必要に応じて使用することができる。

(3)許容荷重と最大荷重(c)

①許容荷重：ある荷重中心に積載できる規定の荷重をいう。

②最大荷重：基準荷重中心に積載できる許容荷重をいう。

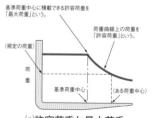

(c)許容荷重と最大荷重

(4)荷重曲線(d)

荷重はフォークリフト本体から離れるほど、モーメントが大きくなるので、許容荷重は減少する。この間の関係を表したのが荷重曲線で、フォークリフト運転者の見やすい場所に取り付けられている。

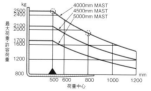

(d)荷重曲線による許容荷重・最大荷重の表示例

C　フォークリフトの特色（長所と短所）

[長所]

　　①フォークを地面（床面）から最大揚高約6mの高さまで上下降できるので高い場所への積卸しに便利である。

　　②前輪駆動、後輪操舵であり、後輪の重心が後輪軸の中心にあり旋回半径が小さい。

　　③荷を車体の前方で支持し、後部にバランスウェイトを取付けて安定が良くコンパクトである。

　　④フォークを搬運する荷に応じて特殊なアタッチメントを取付けることにより種々の作業に利用でき幅広い分野で用いることができる。

[短所]

　　①運転席の前方に荷役装置があるため前方の視界が良くない。

　　②後輪操舵のため前・後進で左折、右折するとき車体後部が外側に大きく膨らむ。

　　③重心が両前輪と後輪軸の中心を結んだ三角形の中にあり、荷を上げたときやスピードを出したとき、急旋回・急制動したときに転倒しやすい。

　　④荷を高く上げたとき重心位置が高くなり急旋回、急制動したときに転倒しやすい。

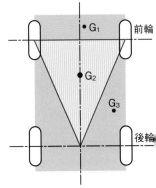

重心位置がＧ2の場合は車体が安定するが、G1やＧ3にある場合には、転倒の危険がある。

　事業者は、車両系荷役運搬機械（フォークリフト等）を用いて作業[1]を行うときは、あらかじめ当該作業に係る場所の広さ及び地形、当該車両系荷役運搬機械（フォークリフト等）の種類及び能力、荷の種類及び形状等に適応する作業計画を定め、かつ当該作業計画により作業を行わなければならない。[則：第151条の3より]

※1　構内の走行も含む

☆作業計画に**必要な事項**（下の作業計画（例）を参照）

(1)運搬する荷の種類、形状、重量及び大きさ　　　　　　　　　　□
(2)運搬期間（期限）　　　　　　　　　　　　　　　　　　　　□
(3)フォークリフトの種類及び能力　　　　　　　　　　　　　　□
(4)作業場所、走行経路、制限速度　　　　　　　　　　　　　　□
(5)作業指揮者、作業者、運転者（法定資格等）　　　　　　　　□
(6)作業手順書　　　　　　　　　　　　　　　　　　　　　　　□
(7)その他災害防止に必要な事項（緊急連絡、注意・禁止事項等）□

フォークリフトの作業計画（例）

作成年月日	○○○○年○月○日(月)	計画作成者	○○○○
作成年月日	○○○○年○月○日(月)	作業指揮者	○○○○
作業実施日時	○○○○年○月○日(月)　8時00分～○○○○年○月○日(月)17時00分		

荷	品名	荷姿	個数	一個の重量	備考
	精密機械	木箱	トラック1台に3個	1トン	

使用するフォークリフト及び従事者	車両番号	能力	運転者	誘導者	制限速度
	LO1-5523	2トン	○○○○	なし	倉庫内＝5km/h 構内通路＝10km/h 屋外＝20km/h

フォークリフトの作業場及び運行経路

積付け又は取扱いの方法	フォークリフトによるトラック積込み作業。トラック運転者との共同作業（トラックは10トン車）
適用する安全作業マニュアル、作業手順書、緊急連絡先等	フォークリフト運転者は作業手順書NO4の作業手順を適用すること。緊急連絡先＝作業課長TEL○○-○○○○

5

　　事業者は、車両系荷役運搬機械（フォークリフト等）を用いて作業を行うときは、当該作業の作業指揮者を定め、作業計画に基づき作業の指揮を行わせなければならない。［則：第151条の4より］（編注：この作業指揮者は単独作業を行う場合には、特に選任を要しないこと。）

☆作業指揮者が確認しなければならない事項

[作業開始前]

　(1)作業に必要な人員や資格・知識を有しているか　　　　　　　　　□
　(2)健康状態、服装、保護具等に異常はないか　　　　　　　　　　　□
　(3)荷の状態に異常はないか　　　　　　　　　　　　　　　　　　　□
　(4)荷役運搬機械、器具、用具について必要な能力を要しているか　　□
　(5)作業開始前点検を行い、荷役運搬機械等に異常はないか　　　　　□
　(6)作業環境、作業経路に異常はないか　　　　　　　　　　　　　　□
　(7)作業手順書は作成されているか　　　　　　　　　　　　　　　　□
　(8)作業開始前の打ち合わせは行われているか　　　　　　　　　　　□
　(9)作業手順書、異常時の措置等は関係作業者に周知されているか　　□

[作業中]

　(1)作業手順書どおり安全な作業が行われているか　　　　　　　　　□
　(2)保護具(ヘルメット、安全靴等)を着用しているか　　　　　　　　□

[作業終了後]

　(1)作業者に異常はなかったか　　　　　　　　　　　　　　　　　　□
　(2)荷役運搬機械等や器具等に異常はなかったか　　　　　　　　　　□
　(3)作業が安全に能率よく出来たか反省会を開催したか　　　　　　　□

事業者は、フォークリフトを用いて作業を行うときは、その日の作業を開始する前に、次の事項※2 について点検を行わなければならない。[則：第151条の25より]

各部の名称

（図中の名称：前照灯 方向指示器、ヘッドガード、後照灯 方向指示器、マスト、バックレスト、カウンターウエイト、フォーク）

※2 (1)制動装置及び操縦装置の機能、(2)荷役装置及び油圧装置の機能、(3)車輪の異常の有無 (4)前照灯、後照灯、方向指示器及び警報装置の機能

[点検前の注意事項]

☆安全な状態

(1)保護具を着用しているか　□

(2)点検中であることを表示し必要に応じ禁止区域を設けているか　□

(3)フォークリフトは水平な場所に止め、駐車ブレーキをかけ輪止めをしているか　□

(4)点検表を用いて点検しているか　□

[始動前点検]

☆安全な状態

（始動前に行うこと）

(1)エンジン（冷却装置、燃料装置、潤滑装置、バッテリー、各ベルト、クラッチ等）に異常はないか　□

(2)かじ取り装置（ハンドル等）に異常はないか　□

(3)ブレーキ（フートブレーキ、駐車ブレーキ）に異常はないか　□

(4)荷役装置（マスト、フォーク、チェーン、バックレスト等）に異常はないか　□

(5)油圧装置（作動油タンク、切換え弁、安全弁、パイプ、ホース、各シリンダー）に異常はないか　□

(6)車輪、タイヤ、ホイールナット・ボルト等に異常はないか　□

(7)前照灯、後照灯、方向指示器、警報装置、バックミラー、ヘッドガード、各計器類等に異常はないか　□

(8)前日使用中に不具合が認められた箇所に異常はないか　□

（始動後に行うこと　※必ず車上にて操作すること）

(1) エンジンの異音、排気色、クラッチに異常はないか　□

(2) ブレーキ、駐車ブレーキの引きしろ、効きはよいか　□

(3) ハンドルの遊び、がた、ゆるみはよいか　□

(4) 荷役装置（マスト、各シリンダー等）の作動状況、
　チェーンの張りはよいか　□

点検年月日	年　月　日	車両番号		安全管理者	整備管理者
点検者氏名		運転者氏名			

点検個所	点検内容	良否	措置
1 エンジン	①燃料の量、漏れ		
	②冷却水の量、漏れ		
	③潤滑オイルの量、漏れ		
	④バッテリー液の量、ターミナルの取付け		
	⑤各ベルトの張り具合、摩耗		
	⑥エンジンの異音、排気の色		
2 制動装置	①ペタルの遊び、踏みしろ		
6 車　輪	①空気圧の確認		
	②異常な摩耗、異物かみ込み等の確認		
	③ホイールナット、ボルトの緩み		
7 灯火装置・方向指示器	作動状態、損傷		
8 警報装置	作動状態		

作業開始前点検の例（一部）

ご安全に！その1　フォークリフトの自主検査

　フォークリフトは法令により1月を超えない期間ごとに1回、定期的に自主検査を行わなければなりません（月例検査）。

　また、1年を超えない期間ごとに1回、定期的に自主検査を行わなければならないとされています（年次検査）。これを特定自主検査といい、検査の済んだフォークリフトには、特定自主検査の実施年月、実施した者の氏名、（検査業者の名称）等を明確にした検査標章（特定自主検査済標章）をフォークリフトの見やすい箇所に貼付しなければなりません。また、定期自主検査を実施したときは、その結果を記録して、3年間保存しなければなりません。

編注：①作業計画の作成と周知　②作業指揮者の選任　③作業手順書の作成
と周知　④保護具の着用の義務付けと使用等はどの作業にも該当するので
直接、事故・災害の原因となる場合を除いて本頁以降は省略します。

☆安全な状態

(1)フォーク（パレット等）上の荷は荷崩れしていないか　　　　　　　□

(2)荷は許容荷重を超えていないか　　　　　　　　　　　　　　　　□

(3)積込み場所は平坦で傾斜していないか　　　　　　　　　　　　　□

(4)積込み作業範囲内に人はいないか　　　　　　　　　　　　　　　□

(5)公道で荷役作業を行っていないか　　　　　　　　　　　　　　　□

☆安全な行動

(1)フォーク（パレット等）上の荷を
荷崩れしないように積んでいるか　　　　　　　　　　　　　　　□

(2)平坦な場所で積込みを行っているか　　　　　　　　　　　　　　□

(3)積込み作業範囲内に人がいないか確認しているか　　　　　　　　□

(4)バックする時に後方の安全確認（指差し呼称等）を
しているか　　　　　　　　　　　　　　　　　　　　　　　　□

ご安全に！その2 **フォークリフトの危険な運転**

1)急旋回、急制動運転　2)わき見運転　3)スピードの出しすぎ
4)前方不確認　5) 曲がり角での左右安全不確認運転
6)積荷状態で急坂の前進運転や荷を積まない状態でフォークを高く上
げての運転

H　作業方法（荷を積んで走行するとき）

前進　　　　　　　　　　後進（バック）

☆安全な状態

(1)走行路は凹凸や傾斜、軟弱、狭路ではないか　　　　　□

(2)走行路に人や障害物はないか　　　　　　　　　　　　□

(3)制限速度を決めているか　　　　　　　　　　　　　　□

(4)公道で荷を積載して走行していないか　　　　　　　　□

☆安全な行動

(1)危険な運転（急旋回、急発進、急制動、わき見運転、
　　制限速度違反等）をしていないか　　　　　　　　　　□

(2)前方視界が悪い時は誘導者を付けるか
　　バックで走行をしているか　　　　　　　　　　　　　□

(3)荷を積んで坂道を降りる時はバックで走行をしているか　□

(4)曲がり角では一旦停止し左右の確認（指差し呼称等）
　　をしているか　　　　　　　　　　　　　　　　　　　□

Ⅰ 作業方法（荷を卸すとき）

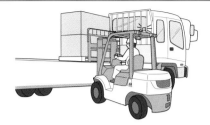

☆安全な状態
(1)卸す荷は許容荷重以下で荷崩れや破損はないか　□
(2)荷卸し作業範囲内に人や障害物はないか　□

☆安全な行動
(1)荷崩れしないように卸しているか　□
(2)荷卸し作業範囲内に人や障害物はないか確認しているか　□
(3)バックする時に後方の確認（指差し呼称等）をしているか　□

ご安全に！その3　フォークリフトのかじ取り

　フォークリフトは後輪の重心位置が両後輪軸の中心にあり、またかじ取りは後輪で行うので、普通の自動車と異なり旋回するとき車体後部が大きく膨らみます！

前進で曲がる時（下図）　⇒　前輪を内側よりに近づけて旋回
バックで曲がる時　　　⇒　後輪を外側よりにして大きく旋回

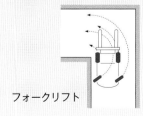

フォークリフト

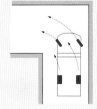

普通トラック

J 作業方法（駐停車するとき）

鍵の抜き
取りヨシ！

☆安全な状態

(1)駐停車場所は平坦でかつ安全な場所か　☐

(2)他車両の妨げにならない決められた場所か　☐

(3)輪止めをしているか（駐車時）　☐

☆安全な行動

(1)水平なところに駐停車したか　☐

(2)エンジンを止め、フォークを最低降下位置に下ろし
駐車ブレーキをかけたか　☐

(3)前後の安全を確認（指差し呼称等）して降車し、
キーを抜き、保管箱に収納したか（駐車時）　☐

(4)輪止めをしたか（駐車時）　☐

ご安全に！その4　公道での走行

　公道で走行できるのは道路運送車両法の保安基準に合致したフォークリフトのみ（車検証・ナンバープレートを備えている車両）で、運転者は道路交通法による自動車運転免許（小型特殊自動車免許、大型特殊自動車免許等）を取得し、携帯していなければなりません。

K 主たる用途以外の使用の制限

　事業者は、車両系荷役運搬機械（フォークリフト等）を荷のつり上げ、労働者の昇降等当該車両系荷役運搬機械（フォークリフト等）の主たる用途以外の用途に使用してはならない。ただし、労働者に危険を及ぼすおそれのないとき[※3]は、この限りではない。[則：第151条の14より]

※3　フォークリフト等の転倒のおそれがない場合で、パレット等の周囲に十分な高さの手すり若しくはわく等を設け、かつ、パレット等をフォークに固定すること又は労働者に命綱を使用させること等の措置を講じたときをいうこと。（昭53年基発第78号）

[用途外使用の例]
・フォークやパレットの上に乗って高所に上がる（はしご等代わり）
・フォークにロープを掛け重量物をつり運搬する（クレーン等代わり）
・運転席以外の場所に乗って移動する（車、自転車等代わり）

☆安全な管理
　(1)用途以外の使用を禁止しているか　　　　　　　　　　　　　　□
　(2)高いラック等には昇降設備（はしご等）を設けているか　　　□
　(3)高所への積込み・積卸し、ピッキング作業に、
　　　オーダーピッキングトラックや高所作業車を用意しているか　□
　(4)作業場所が離れているときは連絡車、
　　　自転車等を用意しているか　　　　　　　　　　　　　　　　□

☆安全な行動
　(1)フォーク（パレット等）の上に乗って高所に上っていないか　□
　(2)運転席以外の場所に乗って移動していないか　　　　　　　　□
　(3)フォークにロープ等を掛けクレーン代わりに使用していないか　□

L　カウンターバランスフォークリフトの作業

☆安全な管理

(1)インターロックシステム（正規の運転位置を外れると走行機能
　や荷役機能の稼働が止まる装置）を搭載しているか　　　　　　　□

(2)フォークリフトの取扱いを運転者に周知しているか　　　　　　　□

☆安全な行動

(1)乗り降りは手すりやタラップを利用し、
　左側から行っているか　　　　　　　　　　　　　　　　　　　　□

(2)運転席から身体や手を出していないか　　　　　　　　　　　　　□

(3)シートベルト装着車の場合、シートベルトをしているか　　　　　□

(4)周囲に人や障害物がないか確認し発進しているか　　　　　　　　□

(5)許容荷重以上の荷を扱っていないか　　　　　　　　　　　　　　□

(6)荷はフォークに荷崩れしないように積まれているか　　　　　　　□

(7)危険な運転は行っていないか　　　　　　　　　　　　　　　　　□

(8)夜間は前照灯、後照灯を点灯し走行しているか　　　　　　　　　□

(9)旋回する場合は後部の膨らみを考慮しているか　　　　　　　　　□

(10)前方視界が悪い時はバックで走行しているか　　　　　　　　　　□

(11)公道で荷役作業を行っていないか　　　　　　　　　　　　　　　□

M　リーチフォークリフトの作業

[注意] 車体が停止状態でもフォークが前後に移動できるフォークリフト。リーチ型立席式はブレーキペタルを踏むとブレーキが解除され、離すとブレーキが効くようになっている（デッドマンブレーキと呼ばれる）。

☆安全な管理

(1)作業床面は平坦で堅固に整備されているか　　　　　　　□

(2)運転席に身体が出ないような
　　措置（囲い戸等）を講じているか　　　　　　　　　　□

☆安全な行動

(1)身体を運転台から出して運転していないか　　　　　　　□

(2)急旋回、急制動、制限速度違反等の危険な運転をしていないか　□

(3)荷はフォーク（パレット等）に荷崩れしないように
　　積まれているか　　　　　　　　　　　　　　　　　□

ご安全に！その5　インターロックシステム

　フォークリフトの運転者が正規の運転位置以外での誤った操作により走行・荷役装置を動かしてしまうことで発生する事故・災害を未然に防止するためのもので①走行インターロック機能と②荷役インターロック機能があります。いずれも運転席下部に装着したシートスイッチで運転者を検知し、運転者が正規の運転位置（運転席に正しく座る）にいないと、走行機能（前後進シフトの中立制御等）や荷役機能（油圧回路の遮断等）が稼働しなくなる装置です。

[注意]　荷役装置とともに動く運転台に乗った運転者により操縦するフォークリフト。ラック上の荷の積卸しやピッキング作業等に使用される。墜落・転落防止のため墜落制止用器具の常時使用が不可欠。

☆安全な管理

(1)作業床面は平坦で堅固に整備されているか　　　　　　　　　　　□

(2)運転台に墜落制止用器具を取り付けられるようにしているか　　　□

(3)運転台に手すりを設けているか　　　　　　　　　　　　　　　　□

☆安全な行動

(1)墜落制止用器具を着用しているか　　　　　　　　　　　　　　　□

(2)運転台から身を乗り出して荷を取り扱っていないか　　　　　　　□

(3)昇降設備の代わりに使用していないか　　　　　　　　　　　　　□

(4)急旋回、急発進、急制動等の危険な運転をしていないか　　　　　□

(5)荷崩れしないよう荷をフォーク（パレット等）に
　　積んでいるか　　　　　　　　　　　　　　　　　　　　　　　□

O　ウォーキーフォークリフトの作業

［注意］　運転者が歩きながら操舵するフォークリフト。ブレーキはバーハンドルを上下いずれかに倒すことにより、機械的に効くようになっている。運転者がバーハンドルと壁の間にはさまれる危険がある。

☆安全な管理

(1)作業床面は平坦で堅固に整備されているか　　　　　　　　　　　□

(2)長い距離の運搬に使用させていないか　　　　　　　　　　　　　□

☆安全な行動

(1)周囲の安全を確認（指差し呼称等）して運転しているか　　　　　□

(2)長距離運搬（運搬車の代わり）に使用していないか　　　　　　　□

(3)許容荷重を超えて積んでいないか　　　　　　　　　　　　　　　□

(4)フォークを上げて走行していないか　　　　　　　　　　　　　　□

ご安全に！その6　パレットトラック

　パレットに荷を積載し手引きで運搬ができる（法定資格は不要） もので、せまい通路で大容量の物や重量物の運搬ができます（積載荷重 200 ～ 1,500kg）。ただし、傾斜や段差のある床面での使用には適していません。

[1] はさまれ・巻き込まれ

> 事例1：フォークリフトでトラックに荷を積込み作業中、トラック
> の荷台上の誘導者が積荷とアオリとの間にはさまれる。

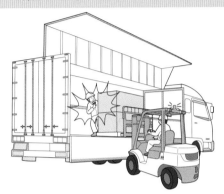

[危険な状態と行動]
・運転者が荷台上の積込み場所の安全確認（指差し呼称等）を怠った。
・フォークリフト運転者から見えにくい位置で誘導していた。
・トラックの荷台上で誘導していた。

☆安全な管理

(1)誘導の方法を関係作業者に周知しているか　　　　　　　　　　☐
(2)誘導時の一定の合図を定め、関係作業者に周知しているか　　　☐

☆安全な行動

(1)積込み場所（荷台上等）の安全を確認（指差し呼称等）
　　しているか　　　　　　　　　　　　　　　　　　　　　　　☐
(2)誘導者はフォークリフト運転者から見える位置（地上等）で
　　誘導を行っているか　　　　　　　　　　　　　　　　　　　☐
(3)決められた合図で誘導を行っているか　　　　　　　　　　　　☐

事例2：荷を卸すためフォークリフトを降車して、アオリを下ろ
　　　　そうとトラック側部に接近したとき、フォークリフトが
　　　　動き出してトラックとの間にはさまれる。

[危険な状態と行動]
・フォークリフトを傾斜地に停車させた。
・エンジンを止めずに、フォークリフト前方で作業を行った。

☆安全な管理
(1)地面（床面）に傾斜がないよう整備しているか　　　　　　　　　□
(2)荷卸しの作業場所を決めているか　　　　　　　　　　　　　　　□
(3)インターロックシステムを搭載しているか　　　　　　　　　　　□

☆安全な行動
(1)運転席を離れるときは、エンジンを止める等
　　フォークリフトが動かないようにしているか　　　　　　　　　□
(2)荷卸し作業は平坦な場所で行っているか　　　　　　　　　　　　□
(3)インターロックシステムを有効にしているか　　　　　　　　　　□

[2] 激突され

事例1：見通しの悪い曲がり角で、急旋回したところ歩行者にフォークが激突した。

[危険な状態と行動]
- 一旦停止の表示や標識、カーブミラー等を設置していない。
- 左右の安全確認（指差し呼称等）をしていない。
- 急旋回、急制動を行った。
- フォークリフトの走行路と作業者の歩行通路を分離していない。

☆安全な管理
(1)フォークリフトの走行路と歩行者の通路を分離しているか　　　　□
(2)曲がり角等危険な場所では、一旦停止の表示や標識、
　　カーブミラー等を設置しているか　　　　　　　　　　　　　□

☆安全な行動
(1)曲がり角等危険な場所では一旦停止し、
　　左右と前方の安全確認（指差し呼称等）をしているか　　　　□
(2)急旋回、急制動、制限速度違反等の危険な運転をしていないか　□

事例2：リーチフォークリフトでバックしたところ、上半身がラックに激突した。

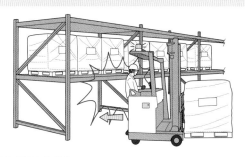

[危険な状態と行動]
・身体を運転台の外に出してバック走行した。
・後方の安全確認を怠った。
・ラックの最下段に横木等の車止めがなかった。

☆安全な管理

(1)ラックの最下段に横木等の車止めを設けているか　　　　　　　　□
(2)運転台から身体が出ないような措置（囲い戸等）
　　を講じているか　　　　　　　　　　　　　　　　　　　　　　□

☆安全な行動

(1)身体を運転台の外に出して運転していないか　　　　　　　　　　□
(2)急旋回、急制動、わき見運転等危険な運転をしていないか　　　　□
(3)後方確認（指差し呼称等）を怠っていないか　　　　　　　　　　□

ご安全に！その7 　指差し呼称

　作業を安全に誤りなく進めていくために、作業の要所で自分の確認すべきことを「○○ヨシ！」と対象を指で差しはっきりとした声で呼称することをいいます。

21

[3] 墜落・転落

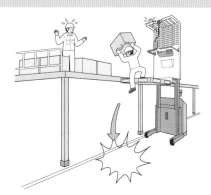

[危険な状態と行動]
・高所での作業にもかかわらず墜落制止用器具を使用していなかっ
　た。
・高く上げたフォーク（パレット）上で作業をしていた。
・棚に転落防止用の柵を設けていなかった。

☆安全な管理
　(1)高所作業の時は、墜落制止用器具を常時使用させているか　　　　□
　(2)走行床面は平坦に整備されているか　　　　　　　　　　　　　　□
　(3)棚に墜落防止用の柵等を設けているか　　　　　　　　　　　　　□

☆安全な行動
　(1)フォーク（パレット）を高く上げる作業では、
　　必ず墜落制止用器具を着用しているか　　　　　　　　　　　　　□
　(2)高所でのピッキング作業時は墜落制止用器具を使用しているか　□

フォークリフト作業の安全5（ファイブ）

1 法定資格者の選任（修了証は常時携帯させる）

①最大荷重1トン以上は技能講習修了者

②最大荷重1トン未満は特別教育修了者

2 作業前の安全点検

①始動前点検、始動後点検を行う

②点検は点検表を用いて行う

3 作業計画の確認とフォークリフトの作業方法

①作業計画を作業者に周知する

②作業計画に基づき作業を行う

③作業方法はD～G（P5～P9）の事項に準じて行う

4 作業指揮者の選任

①作業指揮者を選任する（単独作業の場合は選任不要）

②作業計画に基づき作業の指揮を行う

5 フォークリフト作業の安全

①荷は許容荷重以下で、荷崩れのないように扱う

②用途以外の使用は禁止する

③フォークや荷（パレット）の下に人を立ち入らせない

④危険な運転（急旋回、急制動、わき見運転等）をしない

⑤制限速度は厳守する

⑥運転席を離れる場合の措置（エンジンを止める等）を講ずる

● カウンターバランスフォークリフトの諸元 ●

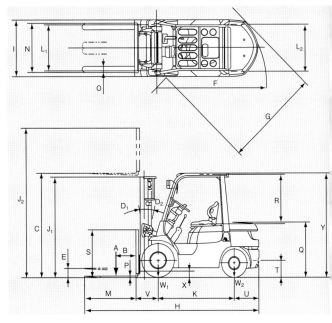

A	：最大荷重	J_1 ：全高　マスト下降時	R ：ヘッドクリアランス
B	：基準荷重中心	J_2 ：全高　マスト上昇時	S ：バックレスト高さ
C	：最大揚高	K ：ホイールベース	T ：ドローバー中心高
D_1	：マスト傾斜角 前傾角	L_1 ：トレッド 前輪	U ：リヤオーバーハング
D_2	：マスト傾斜角 後傾角	L_2 ：トレッド 後輪	V ：フロントアスクルから
E	：フリーリフト	M ：フォーク長	フォーク前面まで
F	：最小旋回半径	N ：フォーク調整間隔（外側）	W_1 ：前輪荷重
G	：最小直角通路幅	O ：フォーク幅	W_2 ：後輪荷重
H	：全　長	P ：フォーク厚さ	X ：最低地上高
I	：全　幅	Q ：ボディ高さ	Y ：ヘッドガード高さ